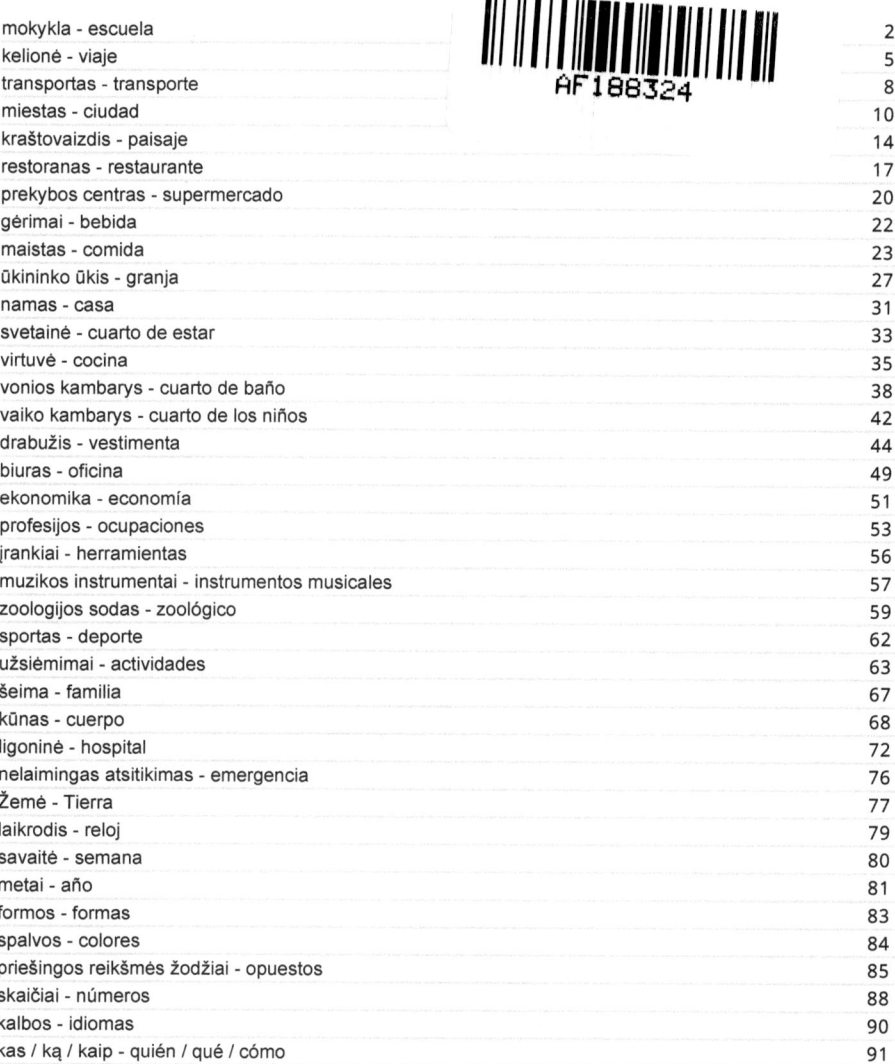

AF188324

Impressum
Verlag: BABADADA GmbH, Nedderfeld 112 , 22529 Hamburg
Geschäftsführer / Verlagsleitung: Harald Hof
Druck: Books on Demand GmbH, In de Tarpen 42, 22848 Norderstedt

Imprint
Publisher: BABADADA GmbH, Nedderfeld 112 , 22529 Hamburg, Germany
Managing Director / Publishing direction: Harald Hof
Print: Books on Demand GmbH, In de Tarpen 42, 22848 Norderstedt, Germany

mokykla
escuela

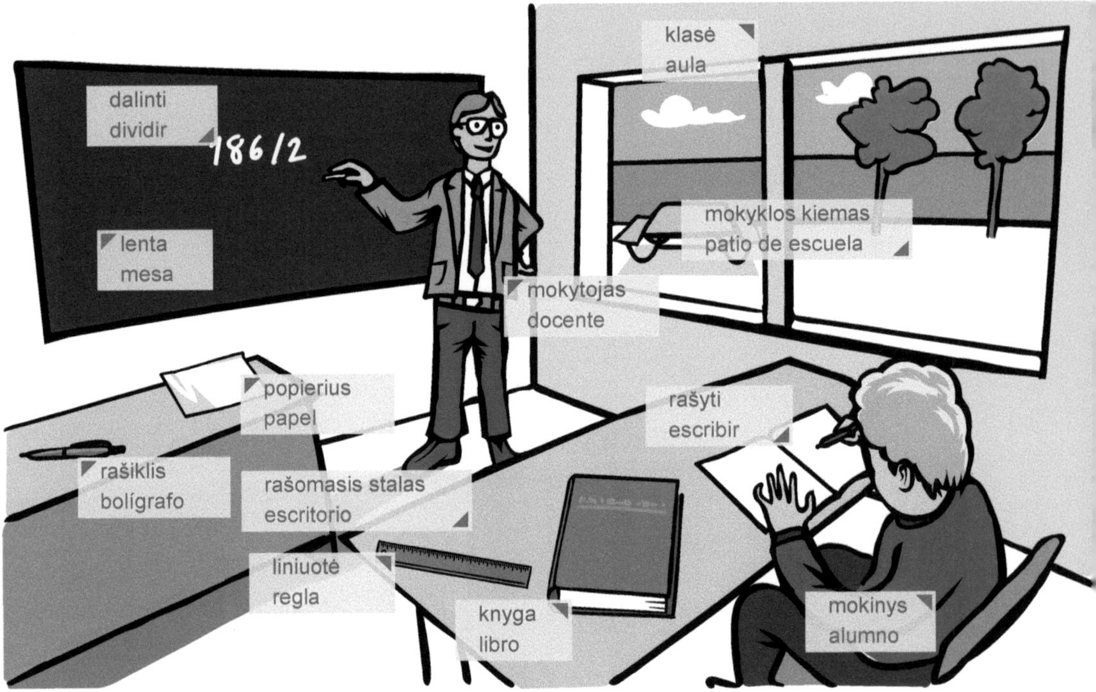

klasė
aula
dalinti
dividir
186/2
lenta
mesa
mokyklos kiemas
patio de escuela
mokytojas
docente
popierius
papel
rašyti
escribir
rašiklis
bolígrafo
rašomasis stalas
escritorio
liniuotė
regla
knyga
libro
mokinys
alumno

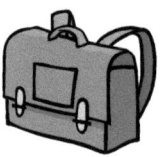

kuprinė

mochila escolar

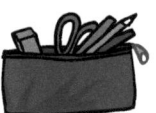

penalas

caja de lápices

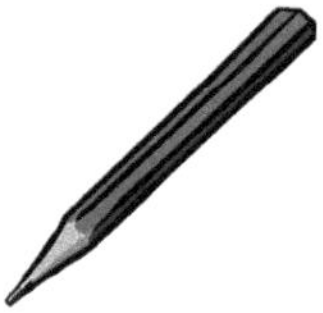

pieštukas

lápiz

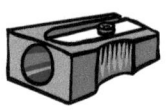

drožtukas

sacapuntas

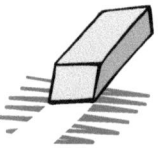

trintukas

goma de borrar

piešimo bloknotas

bloc de dibujo

piešinys

dibujo

teptukas

pincel

dažų dėžutė

caja de pinturas

žirklės

tijera

klijai

pegamento

vadovėlis

libro de ejercicios

namų darbai

tarea

numeris

número

pridėti

sumar

atimti

restar

dauginti

multiplicar

skaičiuoti

calcular

raidė

letra

abėcėlė

alfabeto

žodis

palabra

tekstas

texto

skaityti

leer

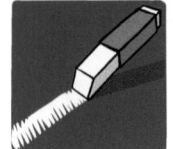

kreida

tiza

pamoka

lección

dienynas

libro de clase

egzaminas

examen

pažymėjimas

certificado

mokyklinė uniforma

uniforme escolar

išsilavinimas

educación

enciklopedija

enciclopedia

universitetas

universidad

mikroskopas

microscopio

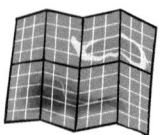

žemėlapis

mapa

šiukšliadėžė

cesto de papeles

kelionė

viaje

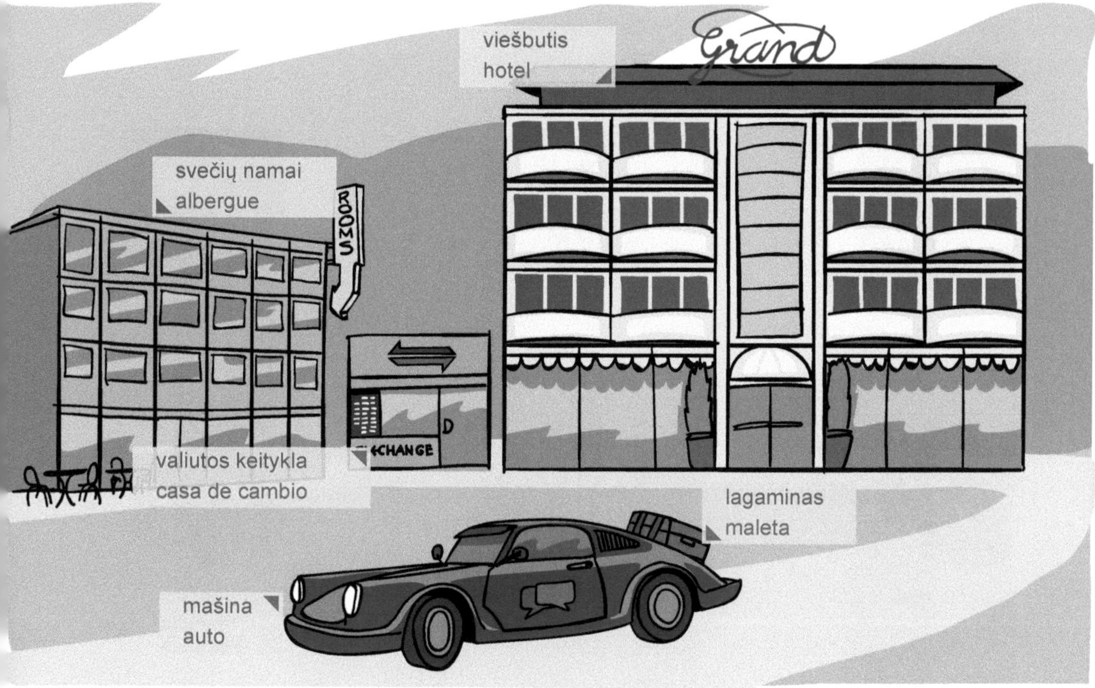
viešbutis
hotel
Grand
svečių namai
albergue
ROOMS
valiutos keitykla
casa de cambio
lagaminas
maleta
mašina
auto

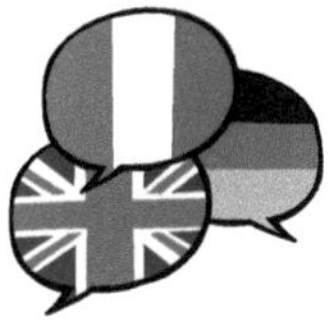

kalba

idioma

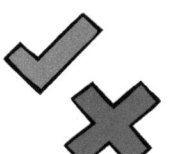

taip / ne

sí / no

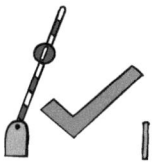

Gerai

ok

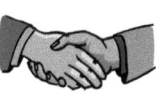

sveiki

hola

vertėjas raštu

intérprete

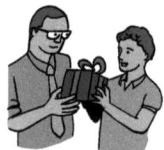

Ačiū

gracias

kiek kainuoja...?

¿Cuánto cuesta...?

aš nesuprantu

No entiendo

problema

problema

Labas vakaras!

¡Buenas tardes!

Labas rytas!

¡Buenos días!

Labos nakties!

¡Buenas noches!

viso gero

adiós

kryptis

dirección

bagažas

equipaje

krepšys

bolso

kuprinė

mochila

svečias

invitado

kambarys

cuarto

miegmaišis

saco de dormir

palapinė

tienda de campaña

turizmo informacija

información al turista

paplūdimys

playa

kreditinė kortelė

tarjeta de crédito

pusryčiai

desayuno

pietūs

almuerzo

vakarienė

cena

bilietas

pasaje

liftas

ascensor

pašto ženklas

sello

siena

límite

muitinė

aduana

ambasada

embajada

viza

visa

pasas

pasaporte

transportas

transporte

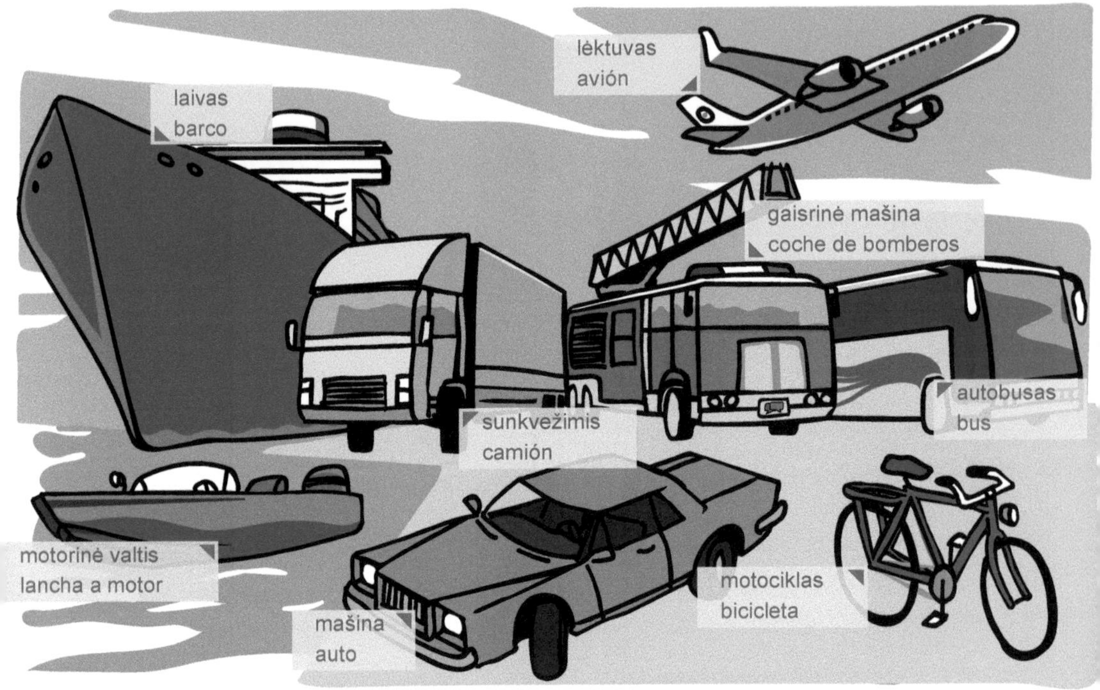
lėktuvas
avión
laivas
barco
gaisrinė mašina
coche de bomberos
autobusas
bus
sunkvežimis
camión
motorinė valtis
lancha a motor
motociklas
bicicleta
mašina
auto

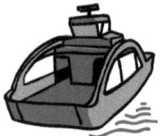

keltas

balsa

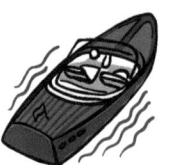

valtis

lancha

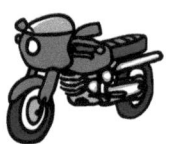

mopedas

motocicleta

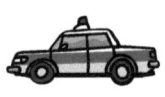

policijos automobilis

auto de policía

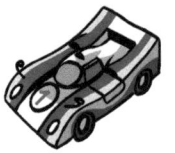

lenktyninis automobilis

auto de carreras

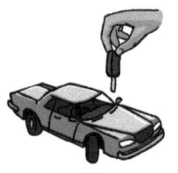

nuomojamas automobilis

auto de alquiler

bendras automobilio
naudojimas

alquiler de autos

techninės pagalbos
automobilis

grúa

šiukšliavežė

vehículo recolector de
basura

variklis

motor

degalai

gasolina

degalinė

gasolinera

kelio ženklas

señal de tráfico

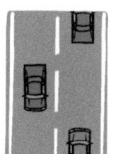

eismas

tránsito

eismo spūstis

atasco

mašinų stovėjimo aikštelė

estacionamiento

traukinių stotis

estación de tren

bėgiai

carril

traukinys

tren

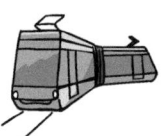

tramvajus

tranvía

vagonas

vagón

sraigtasparnis

helicóptero

oro uostas

aeropuerto

bokštas

torre

keleivis

pasajero

konteineris

contenedor

dėžė

caja de cartón

vežimėlis

carro

krepšys

cesta

pakilti / nusileisti

despegar / aterrizar

miestas

ciudad

kaimas

aldea

miesto centras

centro de la ciudad

namas

casa

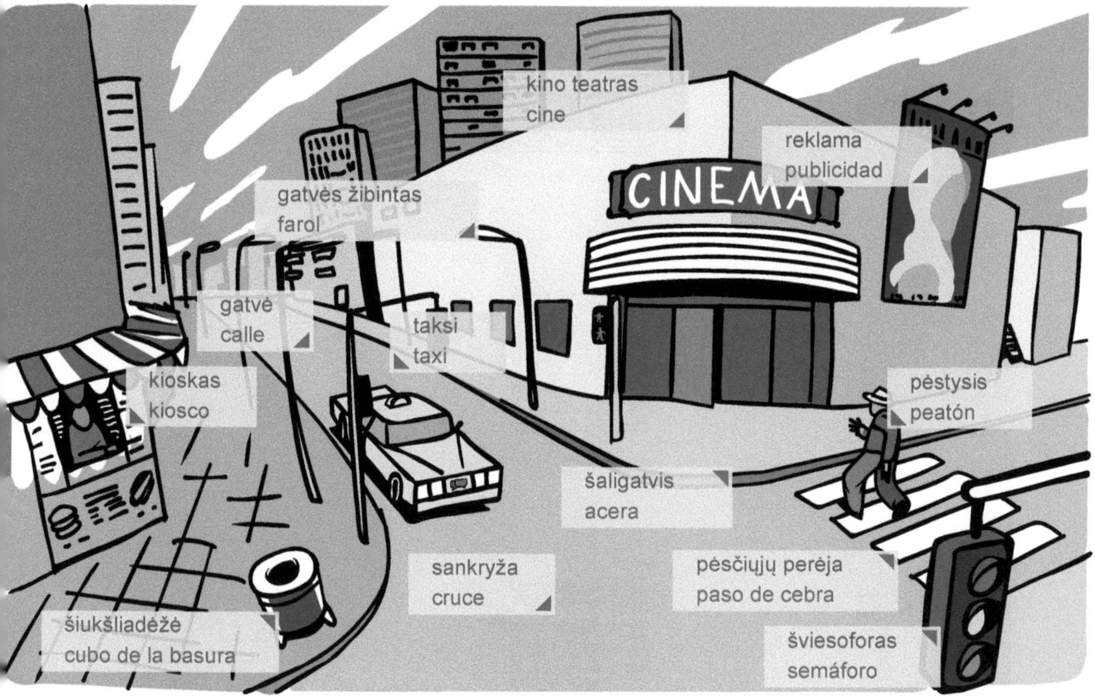

kino teatras
cine

reklama
publicidad

gatvės žibintas
farol

CINEMA

gatvė
calle

taksi
taxi

kioskas
kiosco

pėstysis
peatón

šaligatvis
acera

sankryža
cruce

pėsčiųjų perėja
paso de cebra

šiukšliadėžė
cubo de la basura

šviesoforas
semáforo

trobelė

cabaña

butas

apartamento

traukinių stotis

estación de tren

rotušė

ayuntamiento

muziejus

museo

mokykla

escuela

universitetas

universidad

bankas

banco

ligoninė

hospital

viešbutis

hotel

vaistinė

farmacia

biuras

oficina

knygynas

librería

parduotuvė

negocio

gėlių parduotuvė

florería

prekybos centras

supermercado

turgus

mercado

universalinė parduotuvė

grandes almacenes

žuvies parduotuvė

pescadería

prekybos centras

centro comercial

uostas

puerto

parkas

parque

suoliukas

banco

tiltas

puente

laiptai

escalera

metro

metro

tunelis

túnel

autobusų stotelė

parada de autobuses

baras

bar

restoranas

restaurante

lauko pašto dėžutė

buzón de correo

kelio ženklas

letrero

parkomatas

parquímetro

zoologijos sodas

zoológico

baseinas

piscina

mečetė

mezquita

ūkininko ūkis
....
granja

tarša
....
polución

kapinės
....
cementerio

bažnyčia
....
iglesia

žaidimų aikštelė
....
parque infantil

šventykla
....
templo

kraštovaizdis

paisaje

lapas
hoja

kelio rodyklė
indicador de camino

kelias
sendero

pieva
pradera

akmuo
piedra

medis
árbol

ėjikas
caminante

upė
río

žolė
pasto

gėlė
flor

slėnis

valle

kalva

montaña

ežeras

lago

miškas

bosque

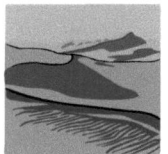

dykuma

desierto

ugnikalnis

volcán

pilis

castillo

vaivorykštė

arco iris

grybas

seta

palmė

palmera

uodas

mosquito

musė

mosca

skruzdėlė

hormiga

bitė

abeja

voras

araña

vabalas

escarabajo

varlė

rana

voverė

ardilla

ežys

erizo

kiškis

liebre

pelėda

lechuza

paukštis

pájaro

gulbė

cisne

šernas

jabalí

elnias

ciervo

briedis

alce

užtvanka

embalse

vėjo jėgainė

aerogenerador

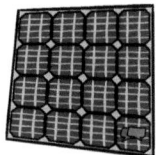

saulės baterija

módulo solar

klimatas

clima

restoranas

restaurante

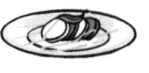

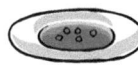

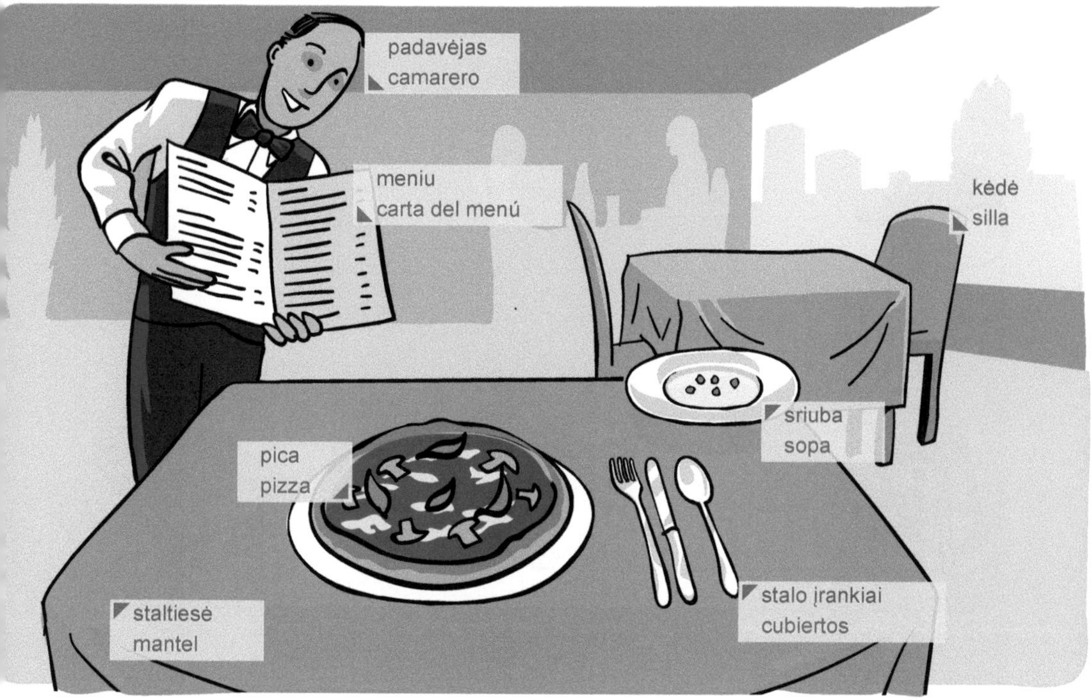
padavėjas
camarero
meniu
carta del menú
kėdė
silla
sriuba
sopa
pica
pizza
stalo įrankiai
cubiertos
staltiesė
mantel

užkandis

entrada

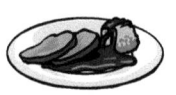

pagrindinis patiekalas

plato principal

desertas

postre

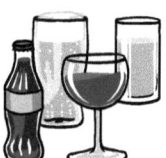

gėrimai

bebida

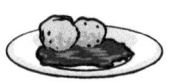

maistas

comida

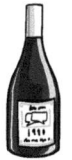

butelis

botella

greitai pateikiamas maistas

comida rápida

gatvės maistas

comida callejera

arbatinukas

tetera

cukrinė

azucarera

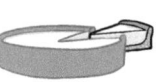

porcija

porción

espreso aparatas

máquina de espresso

aukšta kėdė

silla alta

sąskaita

factura

padėklas

bandeja

peilis

cuchillo

šakutė

tenedor

šaukštas

cuchara

arbatinis šaukštelis

cuchara de té

servetėlė

servilleta

stiklinė

vaso

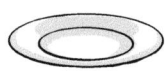

lėkštė

plato

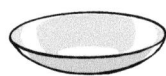

sriubos lėkštė

plato de sopa

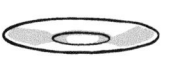

padėklas

platillo

padažas

salsa

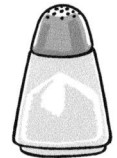

druskinė

salero

pipirų malūnėlis

molinillo para pimienta

actas

vinagre

aliejus

aceite

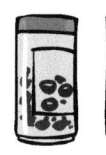

prieskoniai

especias

kečupas

ketchup

garstyčios

mostaza

majonezas

mayonesa

prekybos centras
supermercado

specialus pasiūlymas
oferta
FOR
pirkėjas
cliente
pieno produktai
productos lácteos
vaisiai
fruta
troleibusas
carrito de compras

BUTCHERS

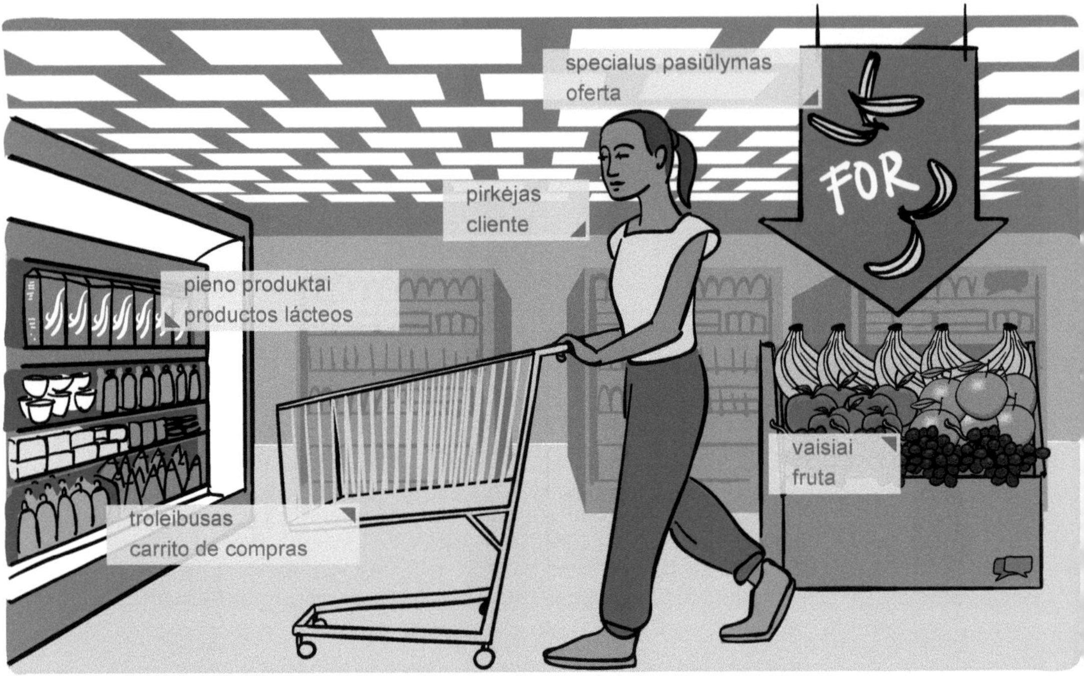

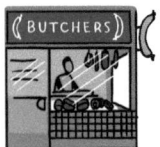

mėsos parduotuvė

carnicería

BAKERY

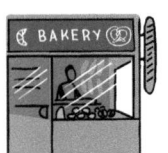

kepykla

panadería

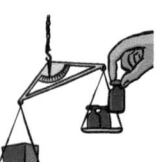

sverti

pesar

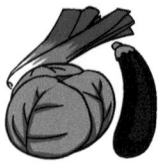

daržovės

verdura

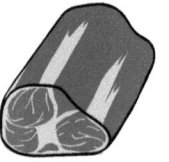

mėsa

carne

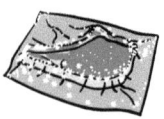

šaldytas maistas

alimentos congelados

šalti mėsos užkandžiai

fiambre

konservai

conservas

skalbimo milteliai

detergente en polvo

saldumynai

dulces

ūkinės prekės

artículos domésticos

valymo priemonės

productos de limpieza

pardavėja

vendedora

kasos aparatas

caja

kasininkas

cajero

pirkinių sąrašas

lista de compras

darbo valandos

horario de atención

piniginė

cartera

kreditinė kortelė

tarjeta de crédito

maišelis

maleta

plastikinis maišelis

bolsa plástica

vanduo

agua

sultys

jugo

pienas

leche

kola

refresco de cola

vynas

vino

alus

cerveza

alkoholis

alcohol

kakava

cacao

arbata

té

kava

café

espresas

espresso

kapučinas

cappuccino

bananas
banana

obuolys
manzana

apelsinas
naranja

arbūzas
sandía

citrina
limón

morka
zanahoria

česnakas
ajo

bambukas
bambú

svogūnas
cebolla

grybas
seta

riešutai
nueces

makaronai
fideos

spagečiai

espagueti

ryžiai

arroz

salotos

ensalada

traškučiai

patatas fritas

keptos bulvės

patatas salteadas

pica

pizza

mėsainis

hamburguesa

sumuštinis

sándwich

pjausnys

escalope

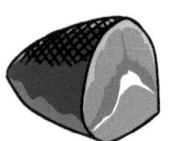

kumpis

jamón

saliamis

salame

dešrelė

embutido

vištiena

pollo

kepsnys

asado

žuvis

pescado

avižų dribsniai

copos de avena

dribsniai su priedais

musli

kukurūzų dribsniai

copos de maíz tostado

miltai

harina

prancūziškasis ragelis

croissant

bandelė

panecillo

duona

pan

skrebutis

tostada

sausainiai

galletas

sviestas

mantequilla

varškė

cuajada

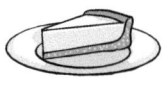

tortas

pastel

kiaušinis

huevo

kiaušinienė

huevo frito

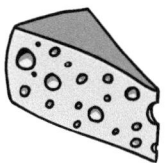

sūris

queso

ledai

helado

cukrus

azúcar

medus

miel

uogienė

mermelada

tepamas šokoladas

praliné

karis

curry

ūkininko ūkis
granja

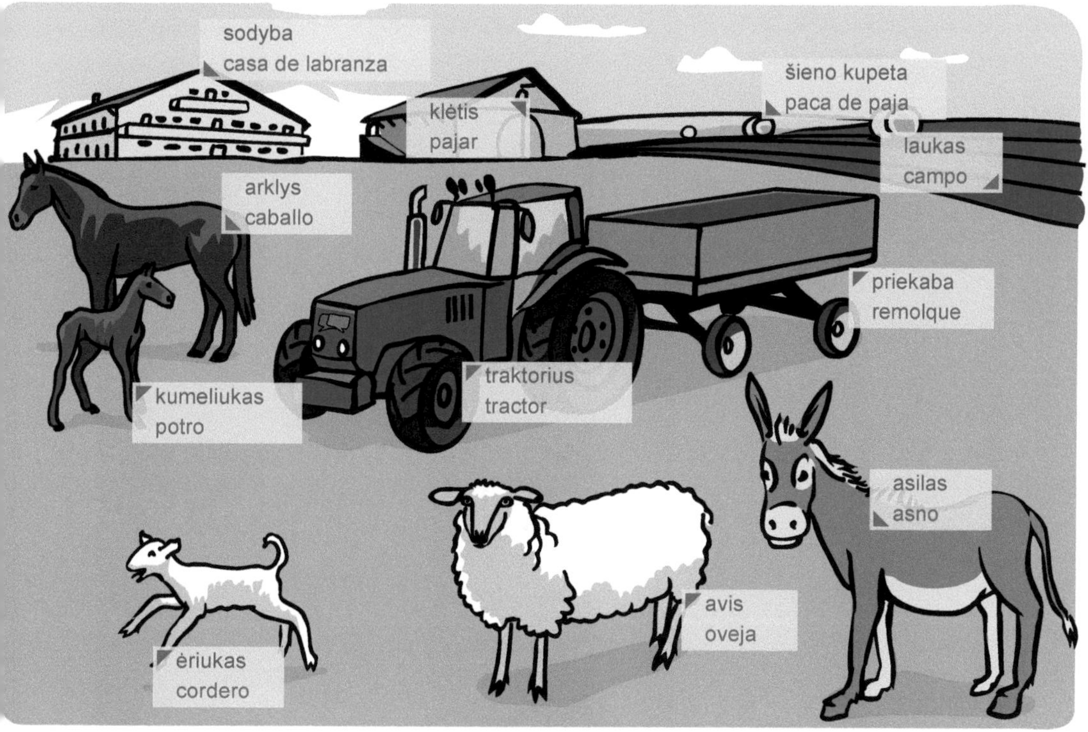
sodyba
casa de labranza
klėtis
pajar
šieno kupeta
paca de paja
laukas
campo
arklys
caballo
priekaba
remolque
traktorius
tractor
kumeliukas
potro
asilas
asno
avis
oveja
ėriukas
cordero

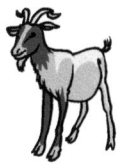

ožys
cabra

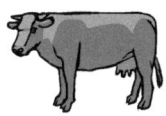

karvė
vaca

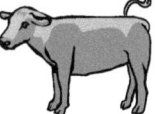

veršis
ternero

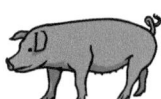

kiaulė
cerdo

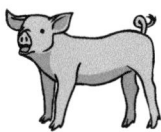

paršelis
lechón

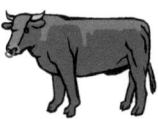

bulius
toro

žąsis
ganso

antis
pato

viščiukas
polluelo

višta
pollo

gaidys
gallo

žiurkė
rata

katė
gato

pelė
ratón

jautis
buey

šuo
perro

šuns būda
caseta del perro

sodo namas
manguera de riego

laistytuvas
regadera

dalgis
guadaña

plūgas
arado

pjautuvas

hoz

kauptukas

azada

šakės

bieldo

kirvis

hacha

statinė

carretilla

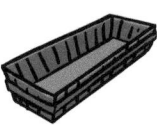

lovys

abrevadero

bidonas

lechera

maišas

saco

tvora

cerca

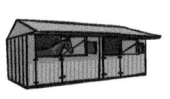

arklidė

establo

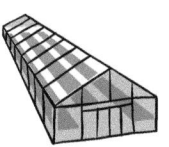

šiltnamis

invernadero

dirva

suelo

sėkla

semilla

trąšos

fertilizante

kombainas

cosechadora

ūkininko ūkis - granja

29

rinkti

cosechar

derlius

cosecha

saldžiosios bulvės

raíz de ñame

kviečiai

trigo

soja

soja

bulvė

patata

kukurūzai

maíz

rapsai

colza

vaismedis

Árbol frutal

manijokas

mandioca

grūdai

cereales

namas

casa

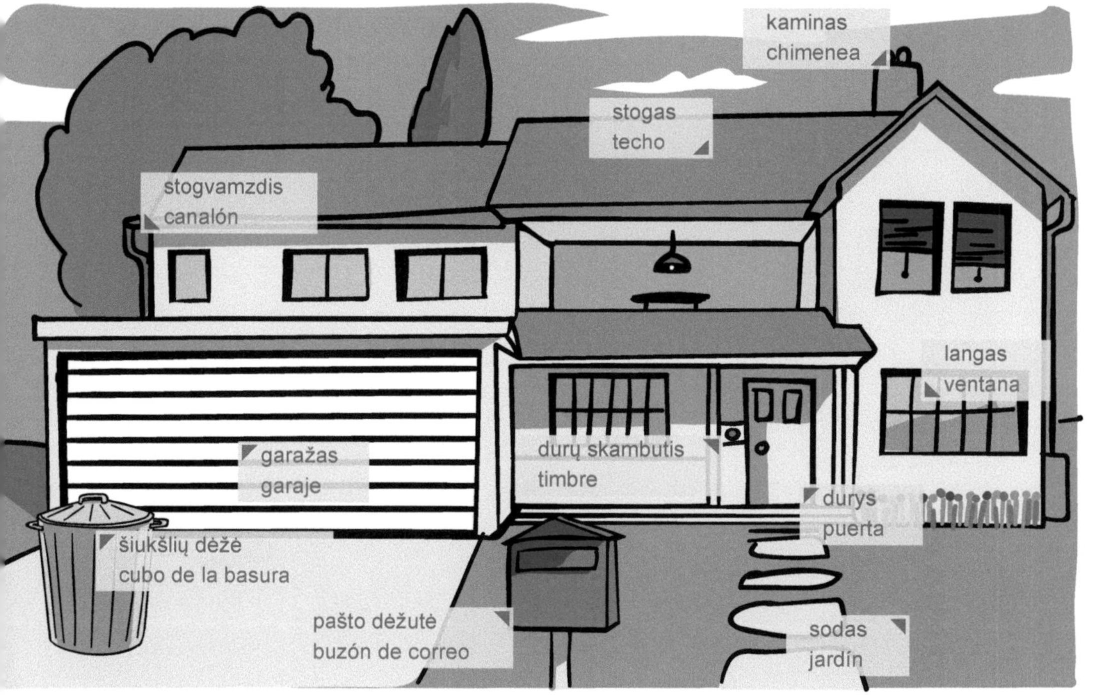
kaminas
chimenea
stogas
techo
stogvamzdis
canalón
langas
ventana
garažas
garaje
durų skambutis
timbre
durys
puerta
šiukšlių dėžė
cubo de la basura
pašto dėžutė
buzón de correo
sodas
jardín

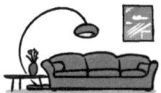

svetainė

cuarto de estar

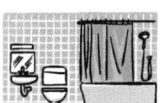

vonios kambarys

cuarto de baño

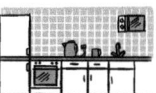

virtuvė

cocina

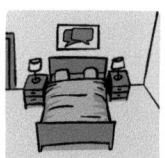

miegamasis

dormitorio

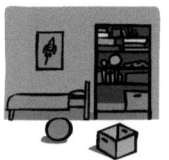

vaiko kambarys

cuarto de los niños

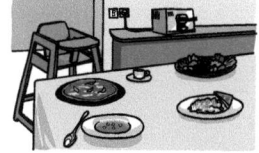

valgomasis

comedor

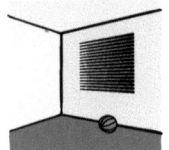

grindys
....
piso

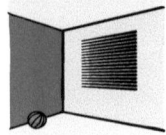

siena
....
pared

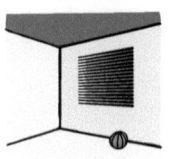

lubos
....
cielorraso

rūsys
....
sótano

sauna
....
sauna

balkonas
....
balcón

terasa
....
terraza

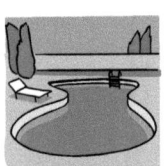

baseinas
....
piscina

žoliapjovė
....
cortacésped

paklodė
....
funda nórdica

lovatiesė
....
edredón

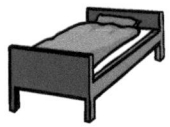

lova
....
cama

šluota
....
escoba

kibiras
....
cubo

jungiklis
....
interruptor

svetainė
cuarto de estar

tapetai
papel para empapelar
nuotrauka
imagen
šviestuvas
lámpara
lentyna
estante
spintelė
gabinete
televizorius
televisor
židinys
hogar
gėlė
flor
pagalvėlė
cojín
sofa
sofá
vaza
florero
nuotolinio valdymo pultelis
control remoto

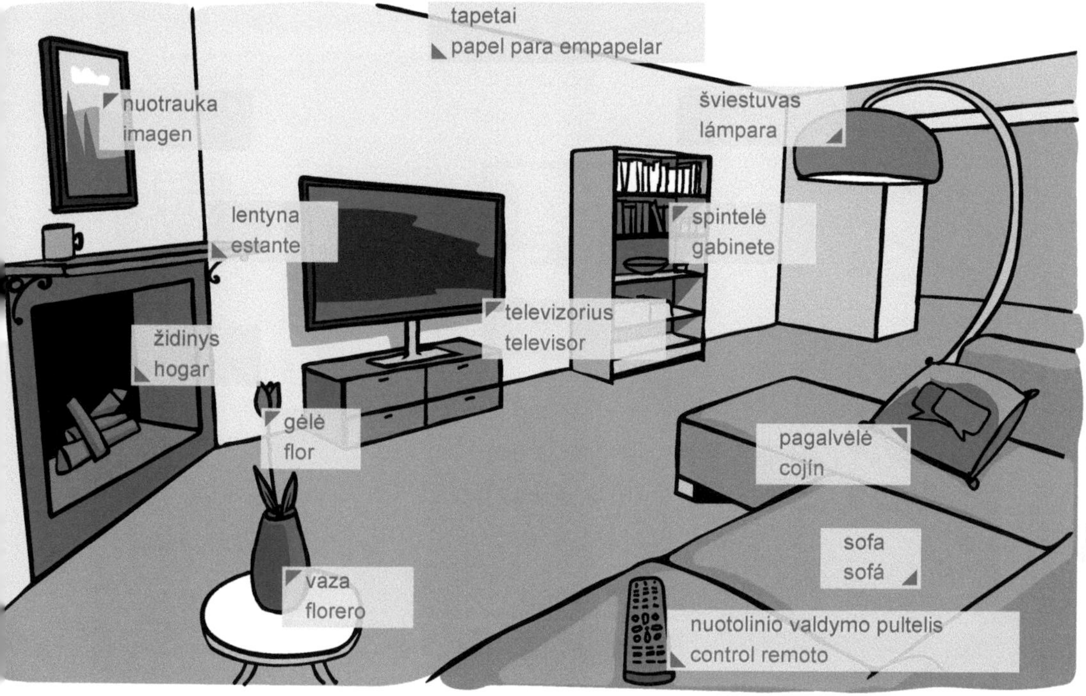

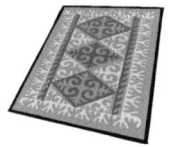

kilimas

alfombra

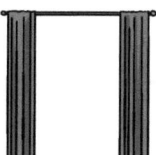

užuolaida

cortina

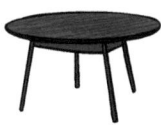

stalas

mesa

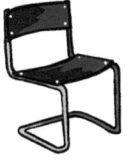

kėdė

silla

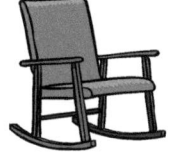

supamasis krėslas

mecedora

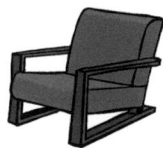

fotelis

sillón

knyga

libro

antklodė

frazada

papuošimai

decoración

malkos

leña

filmas

film

stereo aparatūra

equipo estereofónico

raktas

llave

laikraštis

periódico

paveikslas

cuadro

plakatas

póster

radijas

radio

užrašų knygelė

bloc de notas

dulkių siurblys

aspiradora

kaktusas

cactus

žvakė

vela

virtuvė
cocina

šaldytuvas
nevera
mikrobangų krosnelė
horno microondas
virtuvinės svarstyklės
balanza de cocina
skrudintuvas
tostador
ploviklis
detergente
orkaitė
horno
šaldymo kamera
congelador
šiukšlių dėžė
cubo de la basura
indaplovė
lavaplatos

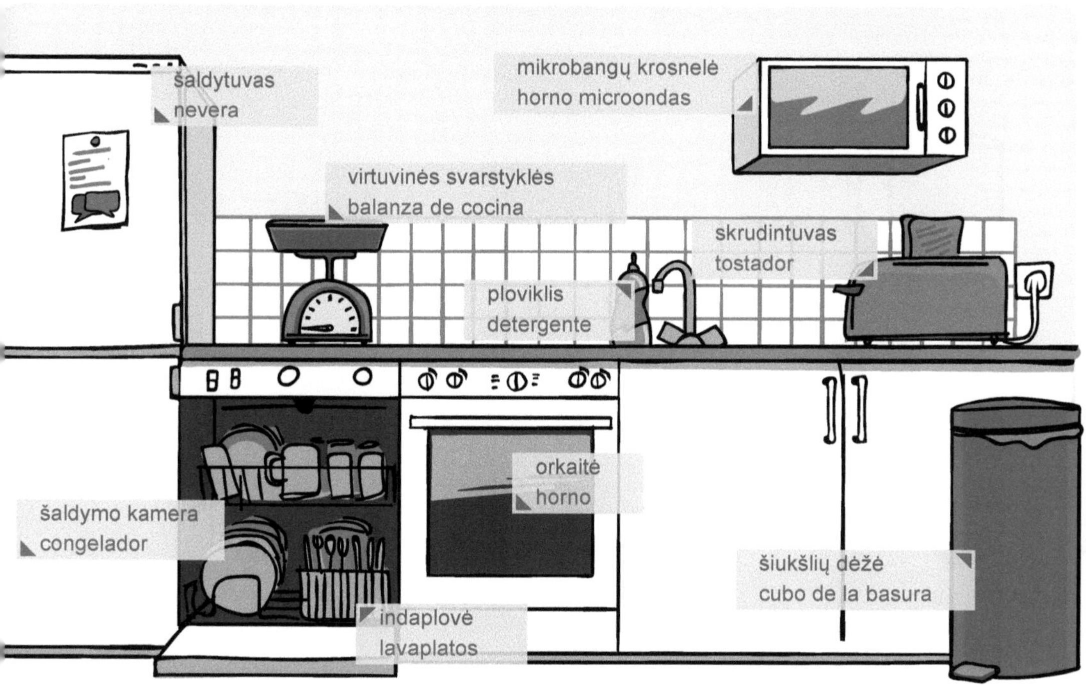

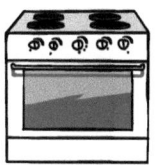

viryklė
cocina

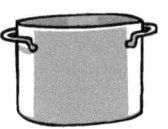

puodas
olla

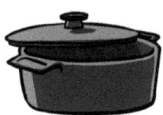

ketaus puodas
olla de fundición de hierro

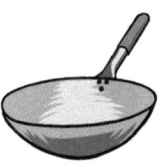

„wok“ keptuvė
wok / kadai

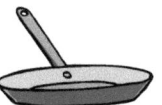

keptuvė
sartén

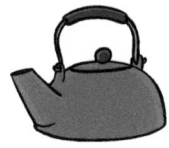

virdulys
hervidor de agua

garų puodas

olla de vapor

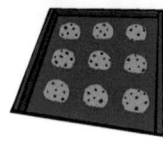

kepimo skarda

bandeja de horno

porceliano indai

vajilla

puodelis

vaso

dubuo

bol

valgomosios lazdelės

palillos para comer

samtis

cucharón de sopa

mentelė

espátula

plaktuvas

batidor

koštuvas

colador

sietas

cedazo

trintuvė

rallador

grūstuvė

mortero

kepsninė

parrillada

atvira liepsna

fogata

pjaustymo lentelė

tabla de picar

kočėlas

rodillo

kamščiatraukis

sacacorchos

skardinė

lata

skardinių atidarytuvas

abrelatas

puodkėlė

agarrador

kriauklė

fregadero

šepetys

cepillo

kempinė

esponja

trintuvas

batidora

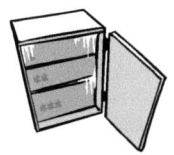

šaldiklis

arcón congelador

kūdikių buteliukas

biberón

čiaupas

grifo

vonios kambarys
cuarto de baño

šildymas
calefacción
rankšluostis
toalla
dušas
ducha
dušo užuolaidos
cortina para ducha
vonios putos
baño de espuma
vonia
bañera
stiklinė
vaso
skalbimo mašina
lavadora
čiaupas
grifo
plytelės
baldosa
naktinis puodukas
orinal
kriauklė
fregadero

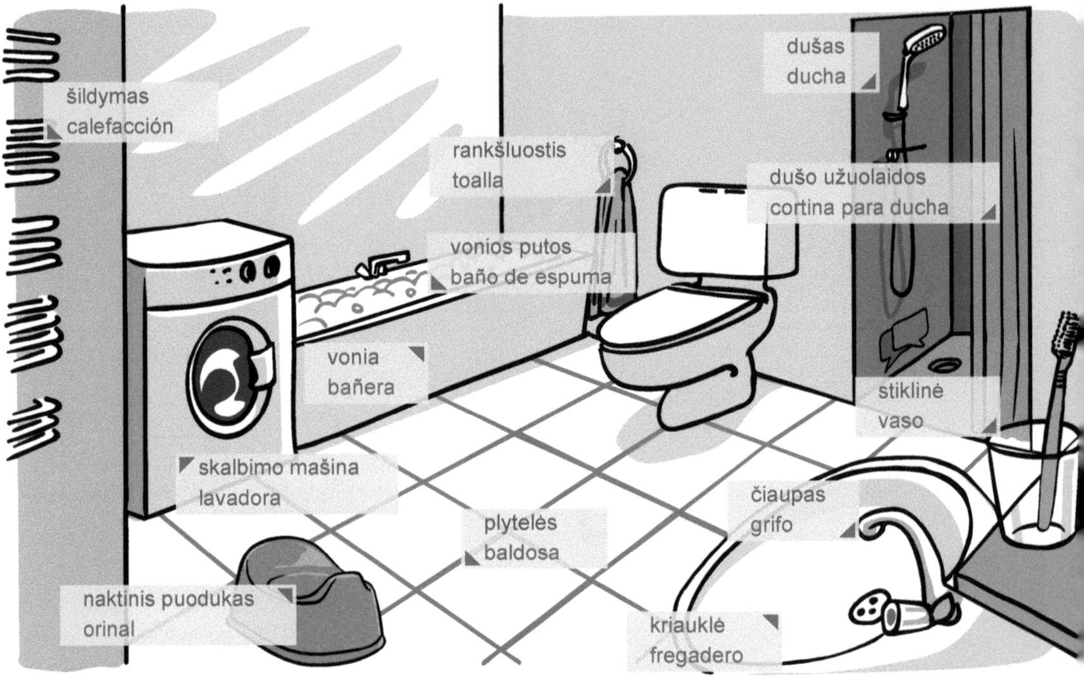

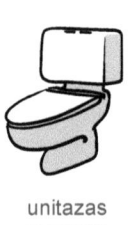

unitazas

cuarto de baño

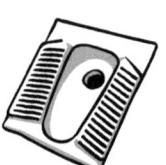

tupimasis unitazas

placa turca

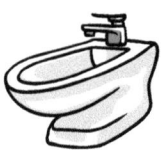

bidė

bidé

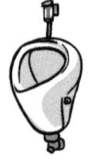

pisuaras

urinario

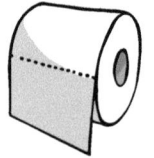

tualetinis popierius

papel higiénico

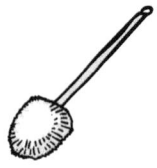

unitazo šepetys

escobilla para el cuarto de baño

dantų šepetėlis

cepillo de dientes

dantų pasta

pasta dentífrica

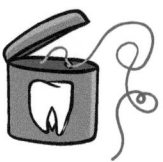

dantų siūlas

seda dental

plauti

lavar

dušo galvutė

ducha teléfono

higieninis dušas

ducha higiénica

praustuvas

cuenco

nugaros plaušinė

cepillo para la espalda

muilas

jabón

dušo želė

gel de ducha

šampūnas

champú

plaušinė

manopla para baño

kanalizacija

desagüe

kremas

crema

dezodorantas

desodorante

veidrodis

espejo

veidrodėlis

espejo de maquillaje

skustuvas

máquina de afeitar

skutimosi putos

espuma de afeitar

losjonas po skutimosi

loción para después del afeitado

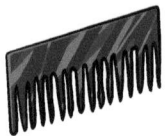

šukos

peine

šepetys

cepillo

plaukų džiovintuvas

secador para cabello

plaukų lakas

laca de peinado

makiažas

maquillaje

lūpdažis

lápiz labial

nagų lakas

laca para uñas

vata

algodón

žirklutės nagams

tijera para uñas

kvepalai

perfume

maišelis skalbiniams

neceser

taburetė

taburete

svarstyklės

balanza

chalatas

bata de baño

guminės pirštinės

guantes de goma

tamponas

tampón

higieninis įklotas

compresa

biotualetas

wáter químico

vaiko kambarys
cuarto de los niños

žadintuvas
despertador
pliušinis žaislas
animal de peluche
žaislinė mašinėlė
auto de juguete
barškutis
sonajero
lėlės namelis
casa de muñecas
dovana
obsequio

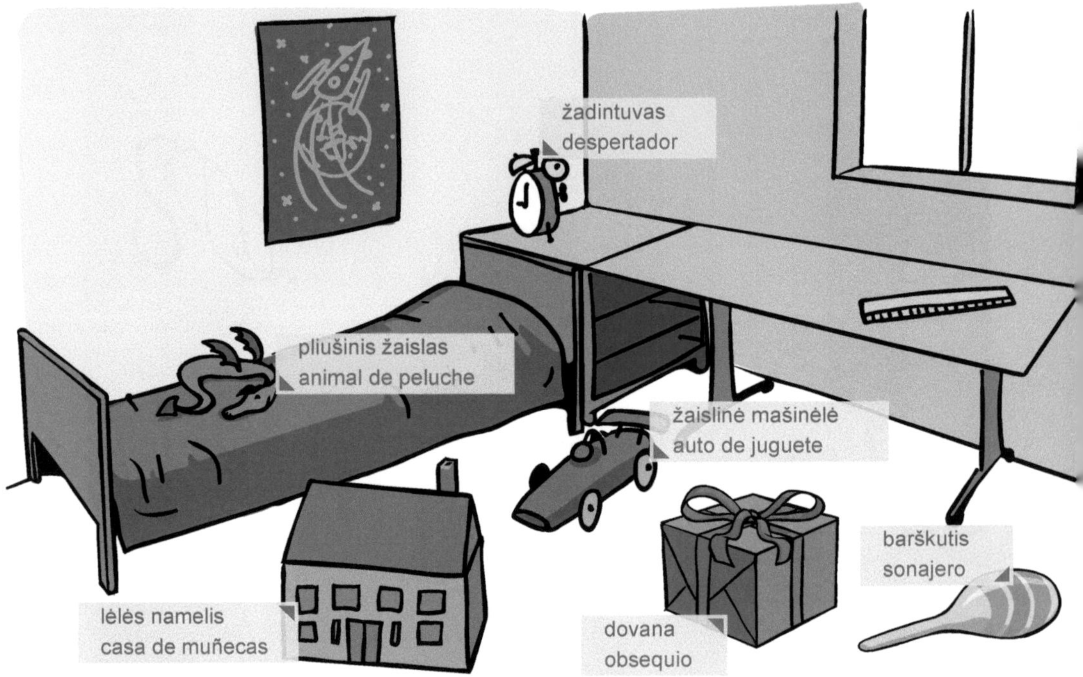

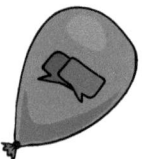

balionas

globo

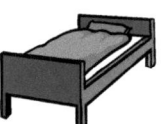

lova

cama

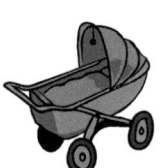

vaikiškas vežimėlis

cochecito para niños

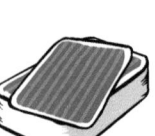

kortų malka

juego de barajas

delionė

rompecabezas

SUPER
MEGA

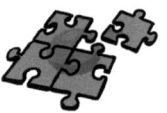

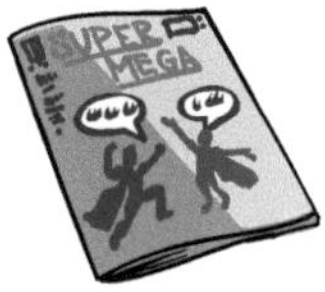

komiksai

cómic

lego kaladėlės

piezas de Lego

žaislinės kaladėlės

bloques para jugar

figūrėlė

figura de acción

šliaužtinukai

pijama de una pieza

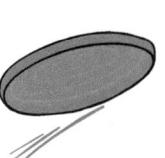

mėtymo lėkštė

frisbee

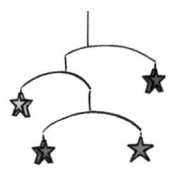

karuselė

móvil

stalo žaidimas

juego de mesa

kauliukai

dado

žaislinis traukinys

tren eléctrico a escala

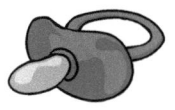

žindukas

chupete

vakarėlis

fiesta

paveiksliukų knygelė

libro de dibujos

kamuolys

pelota

lėlė

títere

žaisti

jugar

smėlio dėžė

arenero

sūpynės

columpio

žaislai

juguetes

žaidimų konsolė

consola de videojuego

triratukas

triciclo

meškiukas

osito de peluche

drabužių spinta

guardarropa

drabužis

vestimenta

kojinės

calcetines

kojinės virš kelių

medias

pėdkelnės

panti

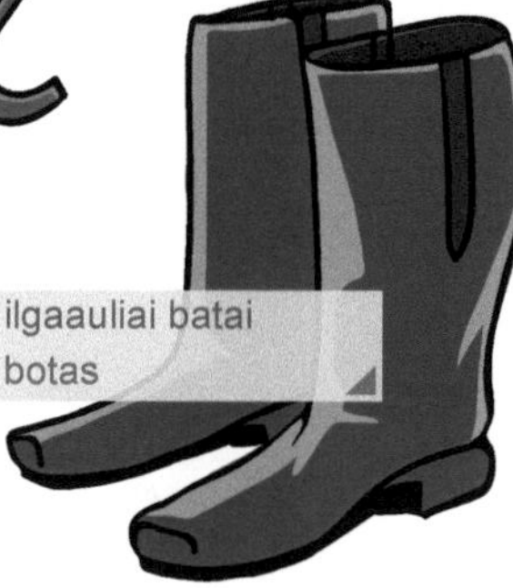

šalikas
chal

skėtis
paraguas

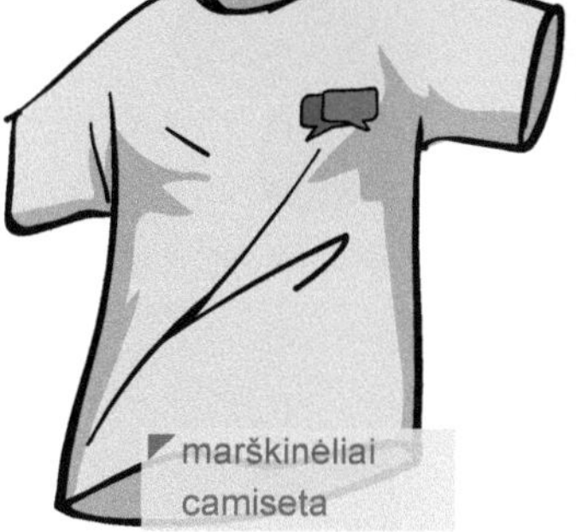

diržas
cinturón

marškinėliai
camiseta

sportbačiai
deportivas

ilgaauliai batai
botas

šlepetės
zapatilla

sandalai
....
sandalias

batai
....
zapatos

guminiai batai
....
botas de goma

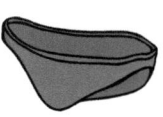

trumpikės
....
ropa interior

liemenėlė
....
corpiño

liemenė
....
camiseta

glaustinukė

body

kelnės

pantalón

džinsai

jeans

sijonas

falda

palaidinė

blusa

marškiniai

camisa

megztinis

pullover

megztinis su gobtuvu

sweater

švarkelis

blazer

švarkas

chaqueta

paltas

abrigo

lietpaltis

impermeable

kostiumas

traje chaqueta

suknelė

vestido

vestuvinė suknelė

vestido de bodas

kostiumas

traje

naktiniai marškiniai

camisón

pižama

pijama

saris

sari

skarelė

pañuelo de cabeza

tiurbanas

turbante

burka

burka

kaftanas

caftán

abaja

abaya

maudymosi kostiumėlis

traje de baño

glaudės

bañador

šortai

shorts

sportinis kostiumas

chándal

prijuostė

delantal

pirštinės

guante

saga

botón

akiniai

gafa

apyrankė

brazalete

vėrinys

cadena

žiedas

anillo

auskaras

aro

kepurė

gorra

pakabas

percha

skrybėlė

sombrero

kaklaraištis

corbata

užtrauktukas

cierre a cremallera

šalmas

casco

breketai

tiradores

mokyklinė uniforma

uniforme escolar

uniforma

uniforme

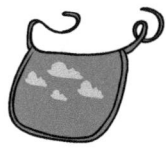

seilinukas

babero

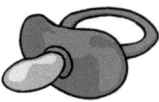

žindukas

chupete

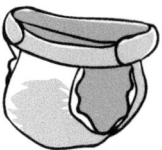

vystyklai

pañal

biuras
oficina

serveris
servidor
dokumentų spinta
archivador
popierius
papel
spausdintuvas
impresora
vaizduoklis
monitor
pelė
ratón
rašomasis stalas
escritorio
aplankas
carpeta
klaviatūra
teclado
šiukšliadėžė
cesto de papeles
kompiuteris
ordenador
kėdė
silla

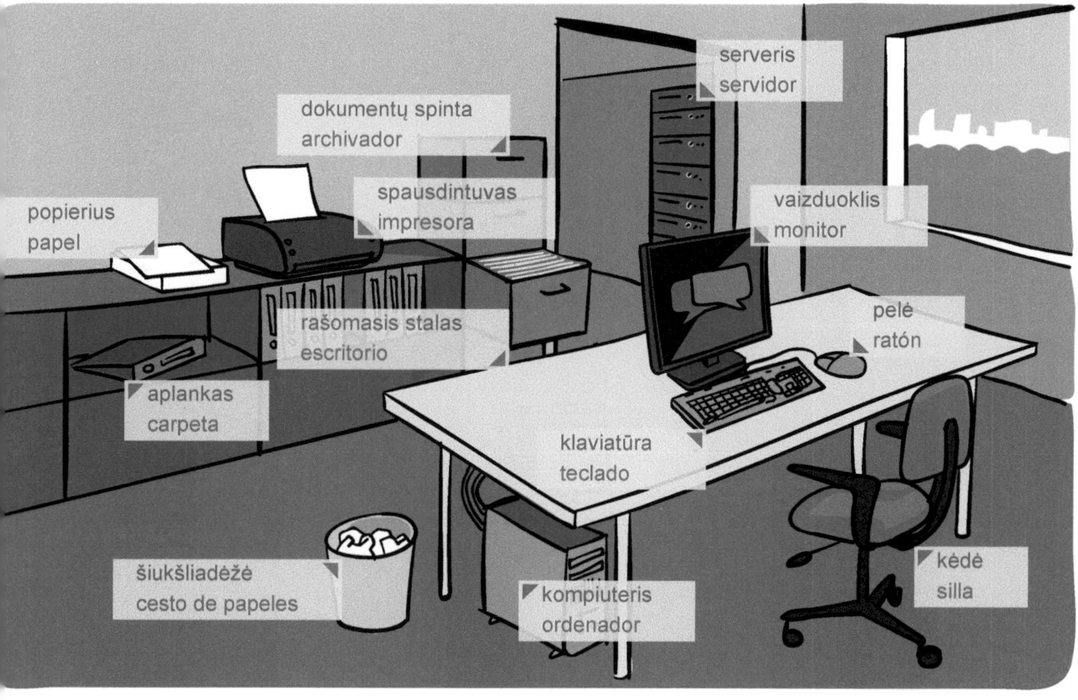

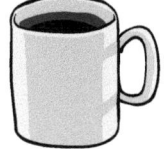

kavos puodelis

taza de café

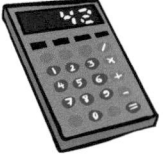

kalkuliatorius

calculadora

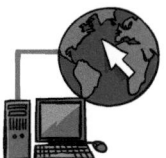

internetas

internet

nešiojamasis kompiuteris

laptop

laiškas

carta

žinutė

mensaje

mobilusis telefonas

teléfono móvil

tinklas

red

fotokopijavimo aparatas

fotocopiadora

programinė įranga

software

telefonas

teléfono

kištukinis lizdas

tomacorriente

faksas

máquina de fax

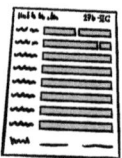

forma

formulario

dokumentas

documento

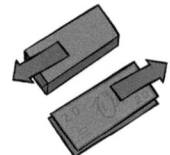

pirkti

comprar

mokèti

pagar

prekiauti

comerciar

pinigai

dinero

doleris

dólar

euras

euro

jena

yen

rublis

rublo

Šveicarijos frankas

franco

juanis

renminbi

rupija

rupia

bankomatas

cajero automático

valiutos keitykla

casa de cambio

auksas

oro

sidabras

plata

nafta

petróleo

energija

energía

kaina

precio

sutartis

contrato

mokestis

impuesto

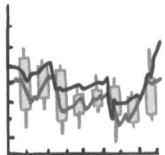

akcijos

acción

dirbti

trabajar

darbuotojas

empleado

darbdavys

empleador

gamykla

fábrica

parduotuvė

negocio

profesijos
ocupaciones

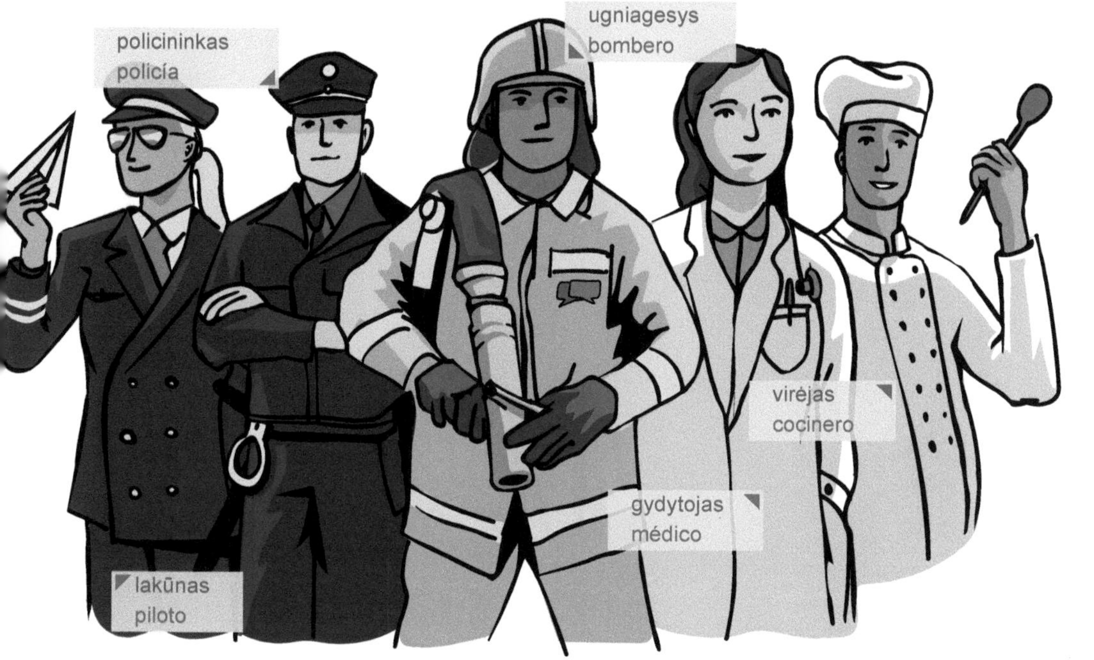
policininkas
policía
ugniagesys
bombero
virėjas
cocinero
gydytojas
médico
lakūnas
piloto

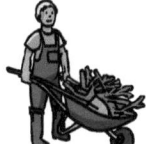

sodininkas

jardinero

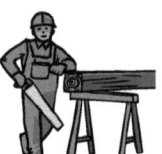

stalius

carpintero

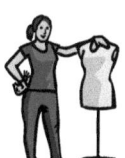

siuvėja

costurera

teisėjas

juez

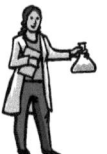

chemikas

químico

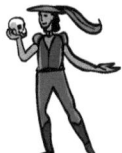

aktorius

actor

autobuso vairuotojas

conductor de autobús

taksi vairuotojas

taxista

žvejys

pescador

valytoja

mujer de la limpieza

stogdengys

techista

padavėjas

camarero

medžiotojas

cazador

dailininkas

pintor

kepėjas

panadero

elektrikas

electricista

statybininkas

albañil

inžinierius

ingeniero

mėsininkas

carnicero

santechnikas

fontanero

paštininkas

cartero

kareivis

soldado

architektas

arquitecto

kasininkas

cajero

gėlininkas

florista

kirpėjas

peluquero

konduktorius

cobrador

mechanikas

mecánico

kapitonas

capitán

odontologas

odontólogo

mokslininkas

científico

rabinas

rabino

imamas

imam

vienuolis

monje

kunigas

párroco

įrankiai
herramientas

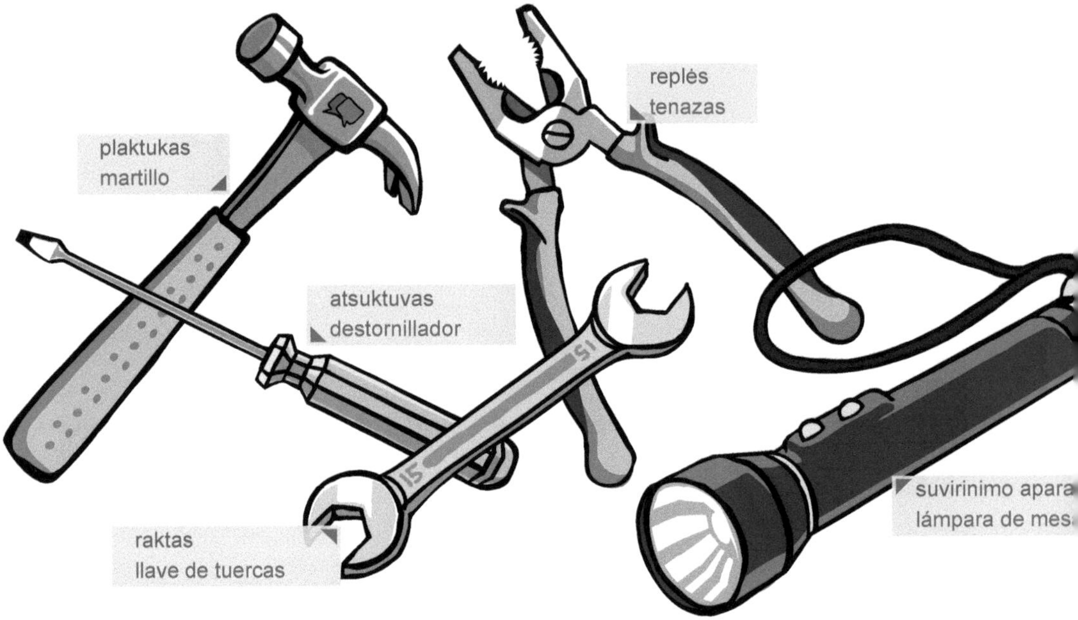
plaktukas
martillo
replės
tenazas
atsuktuvas
destornillador
raktas
llave de tuercas
suvirinimo apara
lámpara de mes

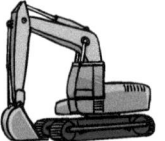

ekskavatorius

excavadora

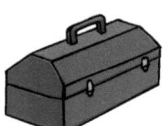

įrankių dėžė

caja de herramientas

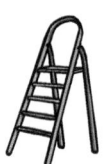

kopėčios

escalerilla

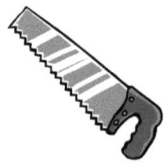

pjūklas

serrucho

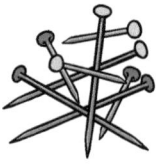

vinys

clavos

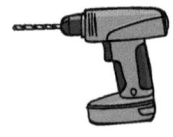

grąžtas

taladro

taisyti
reparar

kastuvas
pala

Velniava!
¡Maldición!

semtuvėlis
recogedor

dažų skardinė
lata de pintura

varžtai
tornillos

muzikos instrumentai
instrumentos musicales

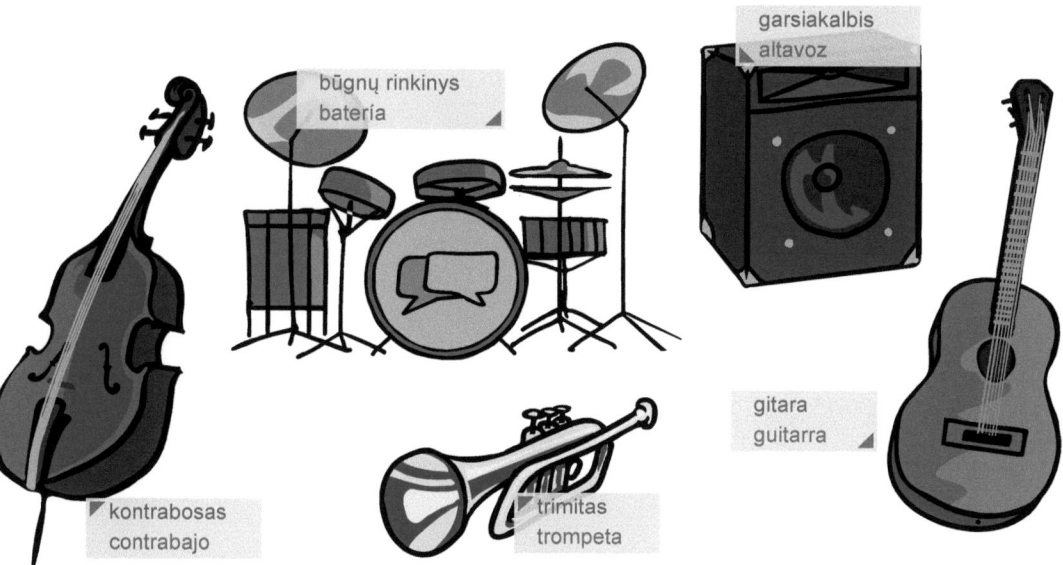

garsiakalbis
altavoz

būgnų rinkinys
batería

gitara
guitarra

kontrabosas
contrabajo

trimitas
trompeta

pianinas

piano

smuikas

violín

bosinė gitara

bajo

timpanas

timbales

būgnai

tambor

sintezatorius

teclado

saksofonas

saxofón

fleita

flauta

mikrofonas

micrófono

zoologijos sodas

zoológico

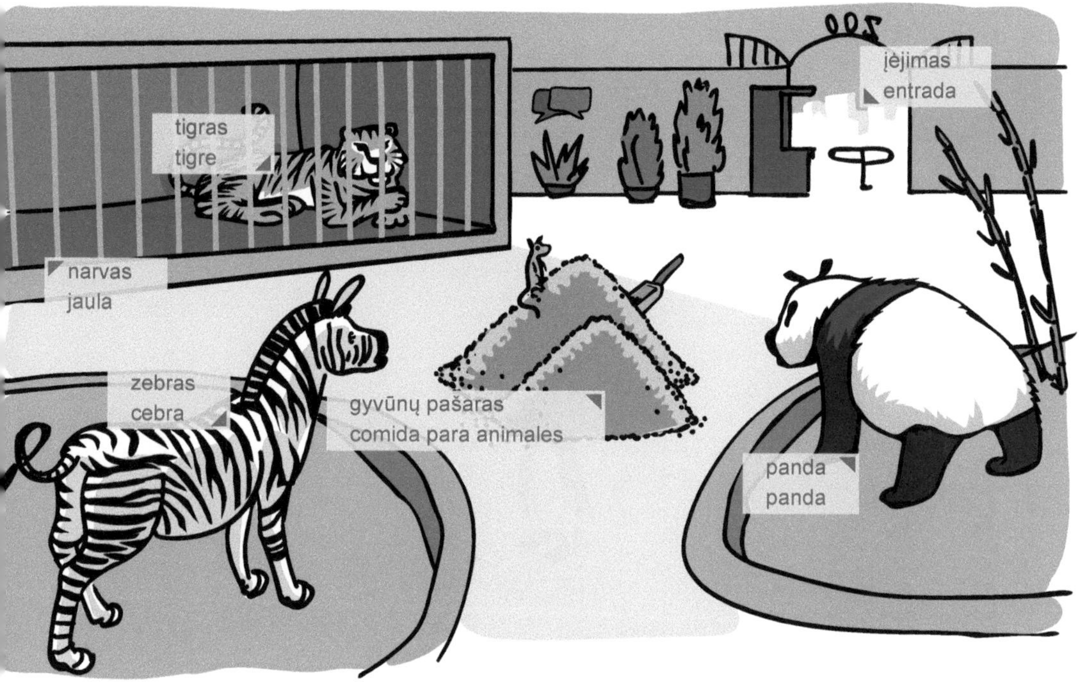
įėjimas
entrada
tigras
tigre
narvas
jaula
zebras
cebra
gyvūnų pašaras
comida para animales
panda
panda

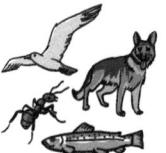

gyvūnai
animales

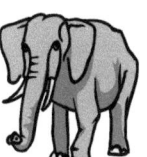

dramblys
elefante

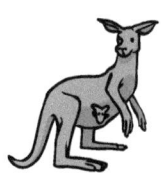

kengūra
canguro

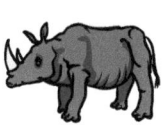

raganosis
rinoceronte

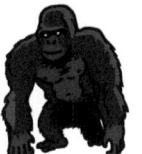

gorila
gorila

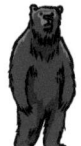

meška
oso

kupranugaris

camello

strutis

avestruz

liūtas

león

beždžionė

mono

flamingas

flamengo

papūga

papagayo

baltoji meška

oso polar

pingvinas

pingüino

ryklys

tiburón

povas

pavo real

gyvatė

serpiente

krokodilas

cocodrilo

zoologijos sodo prižiūrėtojas

cuidador del zoológico

ruonis

foca

jaguaras

jaguar

ponis
pony

leopardas
leopardo

begemotas
hipopótamo

žirafa
jirafa

erelis
águila

šernas
jabalí

žuvis
pescado

vėžlys
tortuga

vėplys
morsa

lapė
zorro

gazelė
gacela

amerikietiškas futbolas
fútbol americano

dviračių sportas
ciclismo

tenisas
tenis

krepšinis
baloncesto

plaukimas
natación

boksas
boxeo

ledo ritulys
hockey sobre hielo

futbolas
fútbol

badmintonas
badminton

atletika
atletismo

rankinis
balonmano

slidinėjimas
esquí

polas
polo

užsiėmimai
actividades

juoktis
reír
šokinėti
saltar
apkabinti
abrazar
vaikščioti
caminar
dainuoti
cantar
svajoti
soñar
melstis
rezar
bučiuoti
besar

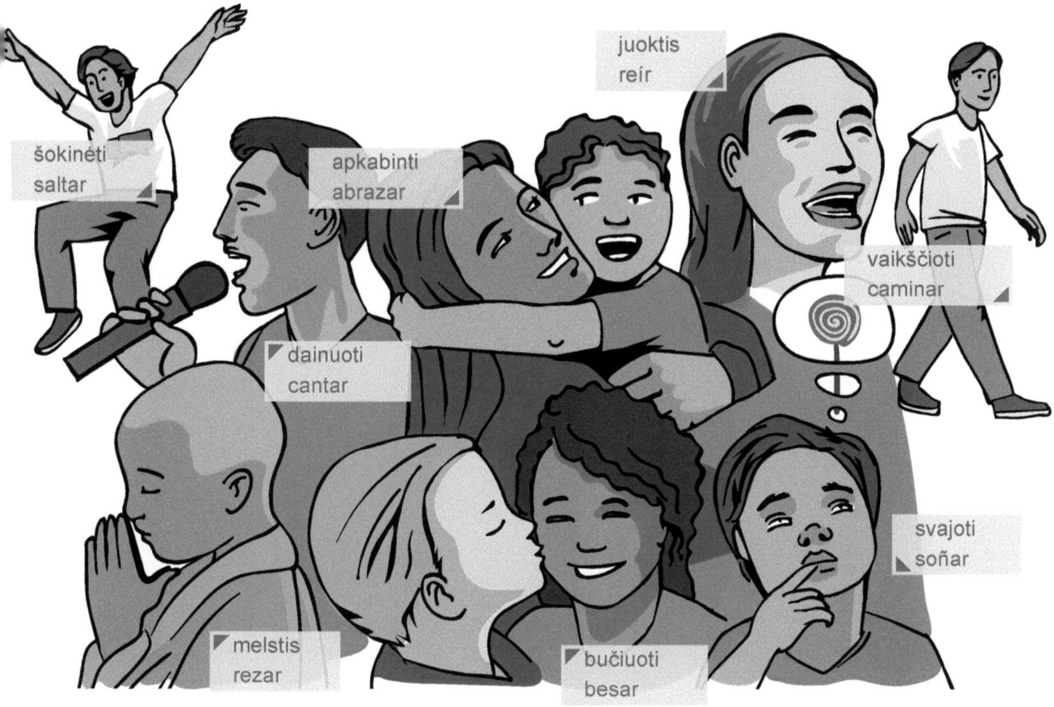

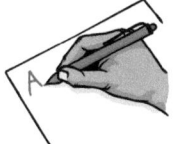

rašyti
escribir

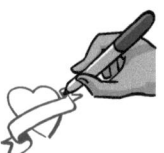

piešti
dibujar

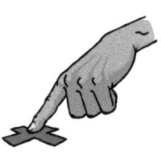

rodyti
mostrar

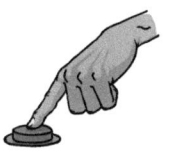

stumti
presionar

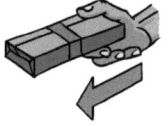

duoti
dar

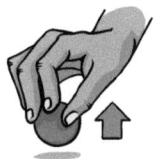

imti
tomar

turėti

tener

daryti

hacer

būti

ser

stovėti

estar de pie

bėgti

correr

traukti

tirar

mesti

arrojar

kristi

caer

meluoti

estar acostado

laukti

esperar

nešti

llevar

sėdėti

estar sentado

rengtis

vestirse

miegoti

dormir

pabusti

despertar

žiūrėti

mirar

verkti

llorar

glostyti

acariciar

šukuoti

peinarse

kalbėti

conversar

suprasti

entender

paklausti

preguntar

klausytis

oír

gerti

beber

valgyti

comer

tvarkytis

asear

mylėti

amar

gaminti

cocinar

vairuoti

conducir

skristi

volar

buriuoti

navegar

skaičiuoti

calcular

skaityti

leer

mokytis

aprender

dirbti

trabajar

vesti

casarse

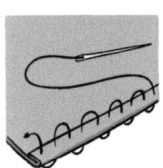

siūti

coser

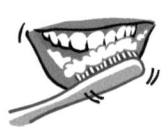

valytis dantis

limpiarse los dientes

žudyti

matar

rūkyti

fumar

siųsti

enviar

senelė
abuela

senelis
abuelo

tėvas
padre

motina
madre

kūdikis
bebé

dukra
hija

sūnus
hijo

svečias
invitado

teta
tía

dėdė
tío

brolis
hermano

sesuo
hermana

kūnas

cuerpo

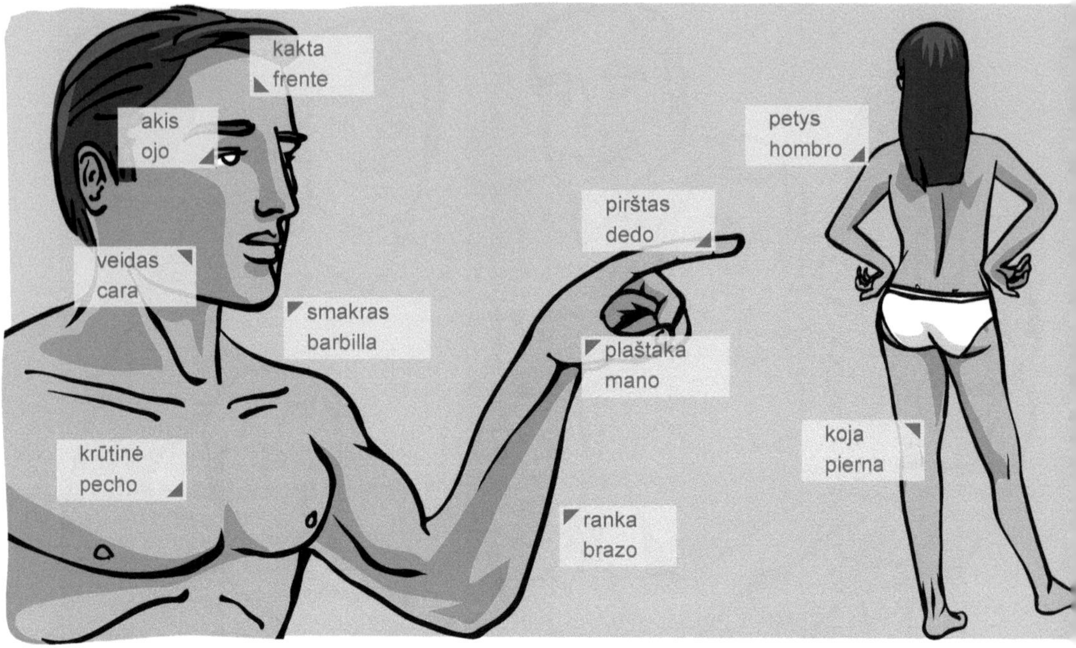

kakta
frente

akis
ojo

petys
hombro

pirštas
dedo

veidas
cara

smakras
barbilla

plaštaka
mano

krūtinė
pecho

koja
pierna

ranka
brazo

kūdikis
bebé

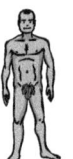

vyras
hombre

moteris
mujer

mergaitė
muchacha

berniukas
joven

galva
cabeza

nugara

espalda

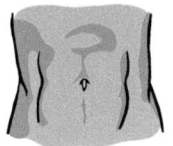

pilvas

vientre

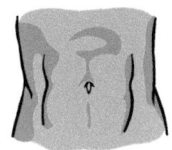

bamba

ombligo

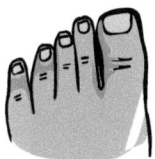

kojos pirštas

dedo del pie

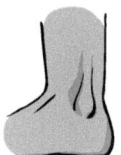

kulnas

talón

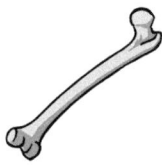

kaulas

hueso

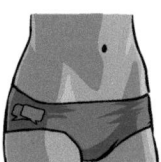

klubas

cadera

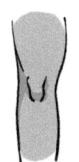

kelis

rodilla

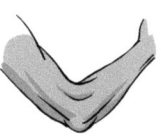

alkūnė

codo

nosis

nariz

sėdmenys

trasero

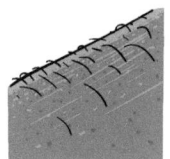

oda

piel

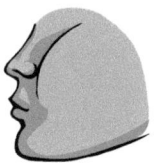

skruostas

mejilla

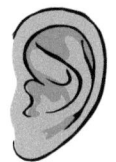

ausis

oreja

lūpa

labio

kūnas - cuerpo

burna

boca

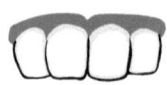

dantis

diente

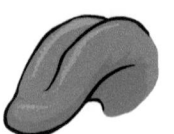

liežuvis

lengua

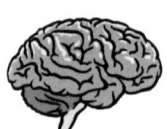

smegenys

cerebro

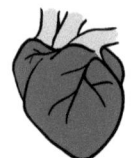

širdis

corazón

raumuo

músculo

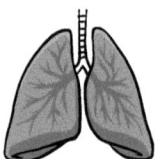

plaučiai

pulmón

kepenys

hígado

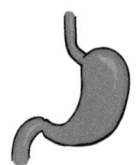

skrandis

estómago

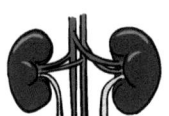

inkstai

riñones

seksas

relación sexual

prezervatyvas

condón

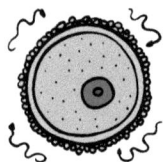

kiaušialąstė

Óvulo

sperma

esperma

nėštumas

embarazo

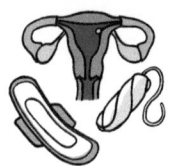

menstruacijos

menstruación

makštis

vagina

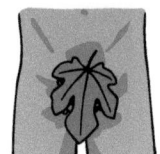

varpa

pene

antakis

ceja

plaukai

cabello

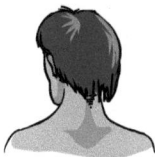

kaklas

cuello

kūnas - cuerpo

71

ligoninė
hospital

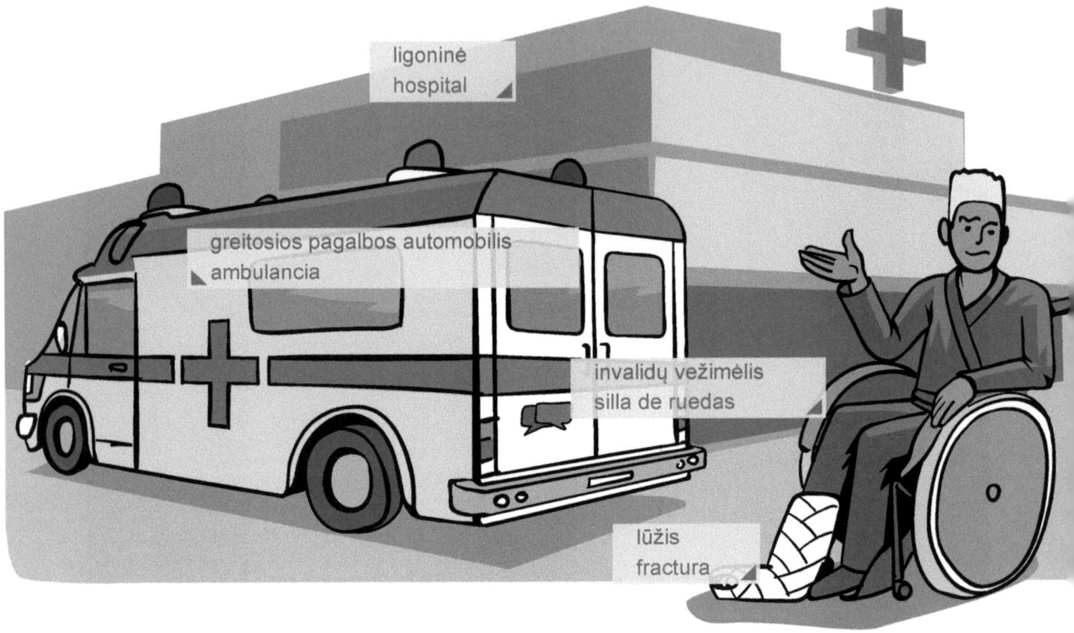

ligoninė
hospital
greitosios pagalbos automobilis
ambulancia
invalidų vežimėlis
silla de ruedas
lūžis
fractura

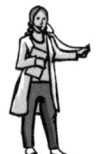

gydytojas

médico

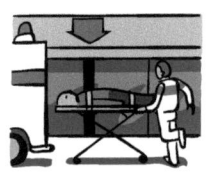

skubios pagalbos skyrius

admisión de urgencia

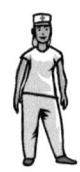

slaugytoja

enfermera

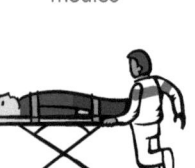

nelaimingas atsitikimas

emergencia

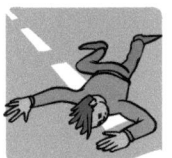

be sąmonės

inconsciente

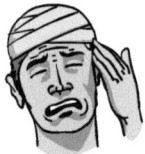

skausmas

dolor

sužalojimas

lesión

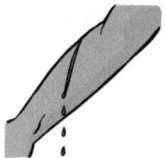

kraujavimas

hemorragia

širdies smūgis

infarto de miocardio

insultas

apoplejía cerebral

alergija

alergia

kosulys

tos

karščiavimas

fiebre

gripas

gripe

viduriavimas

diarrea

galvos skausmas

dolor de cabeza

vėžys

cáncer

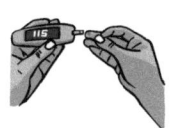

diabetas

diabetes

chirurgas

cirujano

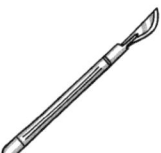

skalpelis

escalpelo

operacija

operación

KT
TC

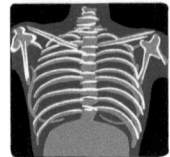

rentgenas
rayos X

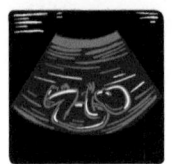

ultragarsas
ultrasonido

veido kaukė
máscara

liga
enfermedad

laukiamasis
sala de espera

ramentas
muleta

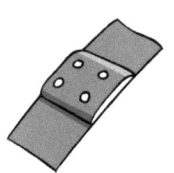

gipsas
emplasto

tvarstis
vendaje

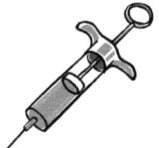

injekcija
inyección

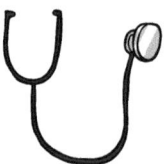

stetoskopas
estetoscopio

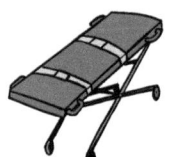

neštuvai
camilla

termometras
termómetro

gimimas
nacimiento

antsvoris
sobrepeso

klausos aparatas

audífono

dezinfekavimo priemonė

desinfectante

infekcija

infección

virusas

virus

ŽIV / AIDS

VIH / SIDA

vaistas

medicina

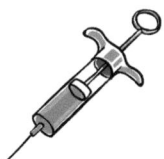

skiepijimas

vacunación

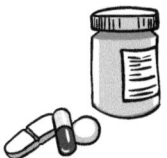

tabletės

comprimido

piliulė

píldora anticonceptiva

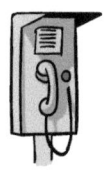

skubios pagalbos numeris

llamada de emergencia

kraujospūdžio matuoklis

medidor de presión arterial

ligotas / sveikas

enfermo / saludable

Padėkite!

¡Ayuda!

pavojaus signalas

alarma

užpuolimas

asalto

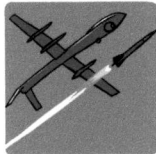

ataka

ataque

pavojus

peligro

avarinis išėjimas

salida de emergencia

Gaisras!

¡Fuego!

gesintuvas

extintor

nelaimingas atsitikimas

accidente

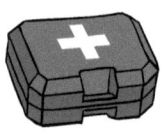

pirmosios pagalbos rinkinys

kit de primeros auxilios

SOS

SOS

policija

Policía

Europa

Europa

Šiaurės Amerika

América del Norte

Pietų Amerika

América del Sur

Afrika

África

Azija

Asia

Australija

Australia

Atlanto vandenynas

Atlántico

Ramusis vandenynas

Pacífico

Indijos vandenynas

Océano Índico

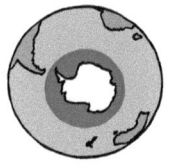

Pietų vandenynas

Océano Antártico

Arkties vandenynas

Océano Ártico

Šiaurės ašigalis

Polo Norte

Pietų ašigalis

Polo Sur

Antarktida

Antártida

Žemė

Tierra

sausuma

país

jūra

mar

sala

isla

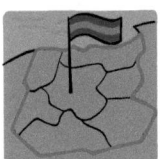

tauta

nación

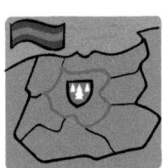

valstybė

Estado

ciferblatas

cuadrante

valandinė rodyklė

horario

minutinė rodyklė

minutero

sekundinė rodyklė

segundero

Kiek valandų?

¿Qué hora es?

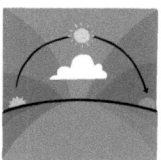

diena

día

laikas

tiempo

dabar

ahora

skaitmeninis laikrodis

reloj digital

minutė

minuto

valanda

hora

savaitė

semana

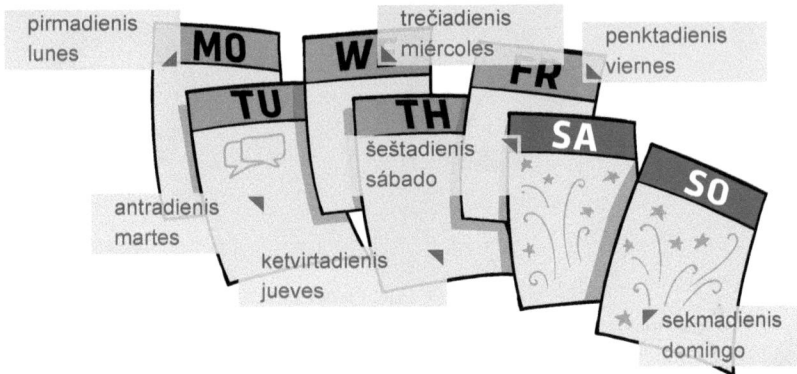

pirmadienis
lunes

antradienis
martes

trečiadienis
miércoles

ketvirtadienis
jueves

šeštadienis
sábado

penktadienis
viernes

sekmadienis
domingo

vakar

ayer

šiandien

hoy

rytoj

mañana

rytas

mañana

vidurdienis

mediodía

vakaras

tarde

MO	TU	WE	TH	FR	SA	SU
1	2	3	4	5	6	7
8	9	10	11	12	13	14
15	16	17	18	19	20	21
22	23	24	25	26	27	28
29	30	31	1	2	3	4

darbo dienos

jornada de trabajo

MO	TU	WE	TH	FR	SA	SU
1	2	3	4	5	6	7
8	9	10	11	12	13	14
15	16	17	18	19	20	21
22	23	24	25	26	27	28
29	30	31	1	2	3	4

savaitgalis

fin de semana

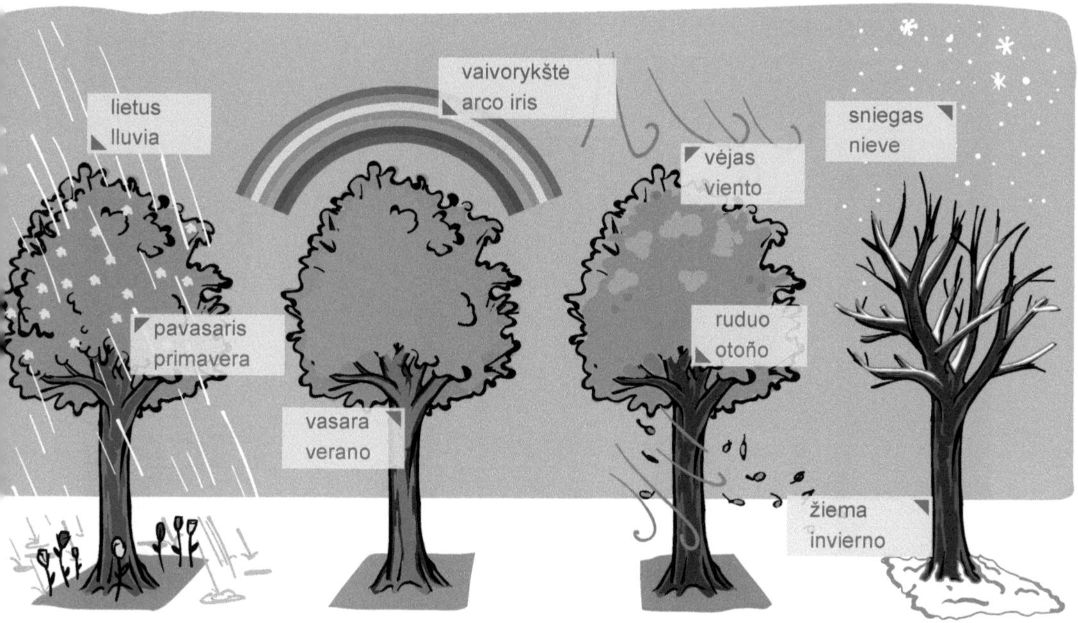

lietus
lluvia
vaivorykštė
arco iris
sniegas
nieve
vėjas
viento
pavasaris
primavera
ruduo
otoño
vasara
verano
žiema
invierno

4.APRIL 11°
5.APRIL 4°
6.APRIL 13°
7.APRIL 8°
8.APRIL 10°

orų prognozė

pronóstico meteorológico

F
C
120
90
60
30
0
-30
40
30
20
10
0
-10
-20

lauko termometras

termómetro

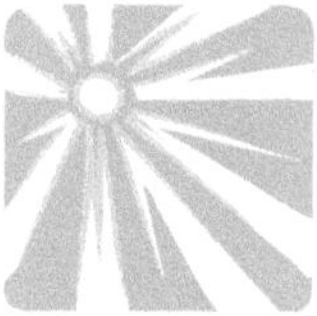

saulės šviesa

luz solar

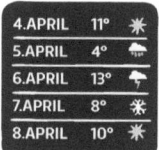

debesis

nube

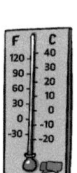

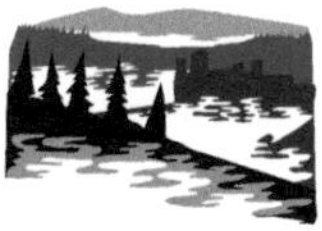

rūkas

niebla

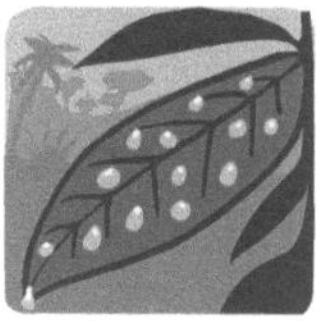

drėgmė

humedad ambiente

žaibas

relámpago

griaustinis

trueno

audra

tormenta

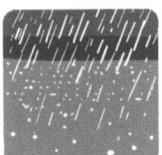

kruša

granizo

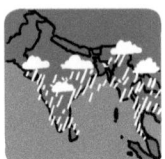

musonas

monzón

potvynis

inundación

ledas

hielo

sausis

enero

vasaris

febrero

kovas

marzo

balandis

abril

gegužė

mayo

birželis

junio

liepa

julio

rugpjūtis

agosto

rugsėjis
....
septiembre

spalis
....
octubre

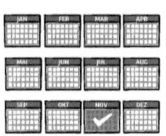

lapkritis
....
noviembre

gruodis
....
diciembre

formos

formas

apskritimas
....
círculo

kvadratas
....
cuadrado

stačiakampis
....
rectángulo

trikampis
....
triángulo

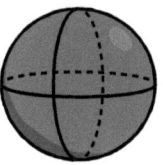

sfera
....
esfera

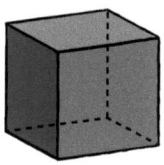

kubas
....
cubo

spalvos
colores

balta
....
blanco

geltona
....
amarillo

oranžinė
....
anaranjado

rožinė
....
rosa

raudona
....
rojo

violetinė
....
lila

mėlyna
....
azul

žalia
....
verde

ruda
....
marrón

pilka
....
gris

juoda
....
negro

daug / mažai

mucho / poco

piktas / ramus

enojado / calmado

gražus / bjaurus

bonito / feo

pradžia / pabaiga

comienzo / fin

didelis / mažas

grande / pequeño

šviesus / tamsus

claro / oscuro

brolis / sesuo

hermano / hermana

švarus / purvinas

limpio / sucio

užbaigtas / neužbaigtas

completo / incompleto

diena / naktis

día / noche

miręs / gyvas

muerto / vivo

platus / siauras

ancho / angosto

valgomas / nevalgomas

disfrutable / no disfrutable

piktas / malonus

malo / amigable

linksmas / nuobodus

excitado / aburrido

storas / plonas

gordo / delgado

pirmiausia / paskiausia

primero / último

draugas / priešas

amigo / enemigo

pilnas / tuščias

lleno / vacío

kietas / minkštas

duro / suave

sunkus / lengvas

pesado / liviano

alkis / troškulys

hambre / sed

ligotas / sveikas

enfermo / saludable

nelegalus / legalus

ilegal / legal

protingas / kvailas

inteligente / tonto

kairė / dešinė

izquierda / derecha

arti / toli

cercano / lejano

naujas / naudotas

nuevo / usado

niekas / kažkas

nada / algo

senas / jaunas

viejo / joven

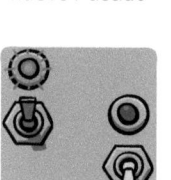

įjungta / išjungta

encendido / apagado

atidaryta / uždaryta

abierto / cerrado

tylus / garsus

bajo / fuerte

turtingas / vargšas

rico / pobre

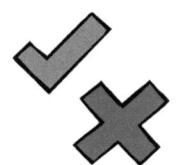

teisus / neteisus

correcto / incorrecto

šiurkštus / švelnus

áspero / liso

liūdnas / laimingas

triste / alegre

trumpas / ilgas

breve / extenso

lėtas / greitas

lento / veloz

drėgnas / sausas

mojado / seco

šiltas / šaltas

caliente / frío

karas / taika

guerra / paz

0	**1**	**2**
nulis	vienas	du
cero	uno	dos

3	**4**	**5**
trys	keturi	penki
tres	cuatro	cinco

6	**7**	**8**
šeši	septyni	aštuoni
seis	siete	ocho

9	**10**	**11**
devyni	dešimt	vienuolika
nueve	diez	once

12
dvylika
doce

13
trylika
trece

14
keturiolika
catorce

15
penkiolika
quince

16
šešiolika
dieciséis

17
septyniolika
diecisiete

18
aštuoniolika
dieciocho

19
devyniolika
diecinueve

20
dvidešimt
veinte

100
šimtas
cien

1.000
tūkstantis
mil

1.000.000
milijonas
millón

anglų

inglés

amerikiečių anglų

inglés estadounidense

kinų (mandarinų)

chino mandarín

hindi

hindi

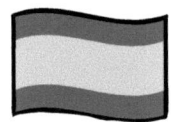

ispanų

español

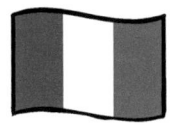

prancūzų

francés

arabų

árabe

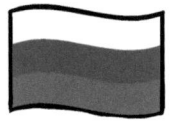

rusų

ruso

portugalų

portugués

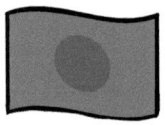

bengalų

bengalí

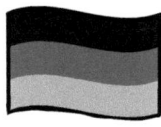

vokiečių

alemán

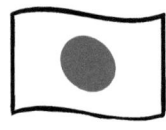

japonų

japonés

aš
yo

tu
tú

jis / ji
él / ella

mes
nosotros

jūs
vosotros

jie
ellos

kas?
¿quién?

ką?
¿qué?

kaip?
¿cómo?

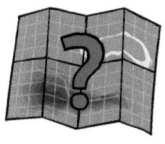

kur?
¿dónde?

kada?
¿cuándo?

vardas
nombre

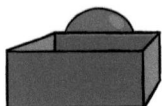

už

detrás

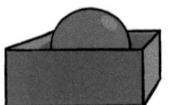

kur (vieta)

en

priešais

delante de

virš

encima de

ant

sobre

po

debajo de

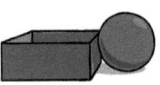

prie

junto a

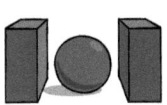

tarp

entre

vieta

lugar